RGV

Deutschland in alten Ansichtskarten

Riesengebirge

Riesengebirge
in alten Ansichtskarten

Herausgegeben von
Barbara Bartos-Höppner

WEIDLICH

Genehmigte Lizenzausgabe für
Verlagshaus Würzburg GmbH & Co. KG, Würzburg 2001

Grafik: Helmut Selle, Leipzig, Förster Illustration & Grafik, Würzburg
Druck/Weiterverarbeitung: Offizin Andersen Nexö, Leipzig
gedruckt in leipzig

ISBN 3-8003-1812-1

Vorwort

»Es scheint entschieden zu seyn, daß die Gegend unter dem Riesengebürge auf schlesischer Seite zu den vorzüglichsten Deutschlands gehöret.« Der hier das Riesengebirge so hochlobte, war C.C.L. Hirschfeld, der Verfasser des Gartenkalenders auf das Jahr 1785, ein Zeitgenosse Schillers und Goethes also. Dem wird auch heute noch jeder zustimmen, der dieses Gebirge aus eigener Anschauung kennt, und erst recht alle jene, deren Heimat es gewesen ist.

Dieses Riesengebirge ist das mächtigste Gebirge der Sudeten, und diese wiederum sind »ein Teil des ungeheuren Bergzugs, der von der Lüneburger Heide bis zum Schwarzen Meer Europa in zwei große Hälften scheidet.« So sagt es der kundigste aller Wanderer derselben, J.C.G. Berndt, und er fand, diese Sudeten »sind von der Natur nicht unbegabt geblieben. Nach den Alpenzügen das höchste Gebirge Deutschlands, erhebt ihr Rücken gewaltige Koppen, nährt durch zahllose Bäche drei bedeutende Flüsse: Elbe, Oder, March; umschließt schauerliche Schluchten, finstere Gründe und sonnige Täler, hegt eine reiche Pflanzenwelt und eine reine, erquickliche Bergluft.«

Und noch ein dritter, Dr. R. Kohlmann, soll dieses Gebirge beschreiben, so wie es alle liegen sahen, die sich ihm näherten: »Den großartigsten Eindruck macht es zweifellos von Norden, von der schlesischen Seite, wo im Gegensatz zur böhmischen eine Vorgebirgszone so gut wie ganz fehlt. Mit einem Böschungswinkel von etwa 25° steigt der Riesengebirgskamm unvermittelt aus dem Hirschberger Talkessel empor und überragt ihn um ungefähr 1000 Meter.«

Aus Norden aber kamen schließlich die meisten Fremden, die als erholungsuchende Gäste oder als Wanderer dem Gebirge zustrebten oder als Sommerfrischler die »erquickliche Bergluft« genießen wollten. Ihr Weg führte stets durch die schöne alte Stadt Hirschberg, »das Tor zum Riesengebirge«, die Stadt mit den heimeligen Laubengängen rings um den Markt, dessen Wahrzeichen ein Brunnen mit dem steinernen Neptun war, wegen seines Dreizacks von den Hirschbergern liebevoll »der Gabeljürge« genannt.

Wer in Hirschberg aus dem schnaufenden Zug stieg, hatte schon während der Fahrt den Kamm des Riesengebirges vor Augen gehabt. Nun hieß es, in eine der Gebirgsbahnen umzusteigen, um in den Urlaubsort zu gelangen: Schreiberhau vielleicht, Krummhübel oder Schmiedeberg, oder in die »Elektrische« einzusteigen, um sich von ihr zwischen dem Hirschberger Rathaus hindurch nach Warmbrunn schuckeln zu lassen oder weiter hinauf nach Hermsdorf unterm Kynast oder nach Ober-Giersdorf/Himmelreich.

»Und in dem Schneegebirge, da fließt ein Brünnlein kalt, und wer das Brünnlein trinket, wird jung und nimmer alt.«

Auch die Volksseele entdeckte die Landschaft des Riesengebirges, und wer hätte nicht sehnsüchtig werden sollen bei den verheißungsvollen Worten »... wird jung und nimmer alt!« Die heilenden Quellen des Gebirges waren vor allem eingefangen in den Bädern Flinsberg und Warmbrunn. So, wie sich Flinsberg am Fuße des Isergebirges räkelte (an dieser Stelle muß eingefügt werden, daß sich das geografische Verhältnis zwischen Iser- und Riesengebirge verhielt wie das Familienverhältnis zwischen Sohn und Vater), lag Warmbrunn am Fuße der Schneekoppe. Während in Bad Flinsberg wegen Herz- und Kreislaufbeschwerden gekurt wurde, kamen nach Bad Warmbrunn viele Rheumakranke, die sich Linderung erhofften. Zudem stand in Bad Warmbrunn das Schloß des Grafen Schaffgotsch, in dessen Besitz sich, unvorstellbar in seiner Ausdehnung, das gesamte Riesengebirge befand. Freilich merkte niemand etwas davon, der dort wohnte oder Erholung suchte oder sich mit vollgepacktem Rucksack zu einer Kammwanderung aufmachte.
Die Verbots- und Hinweistafeln stellten andere Mächtige auf. Deshalb fand, wer auf der Schneekoppe angekommen war, außer der Wetterstation und der Kapelle eine deutsche und eine tschechische Baude vor, denn die Grenze zwischen Deutschland und der Tschechoslowakei, vor 1918 die deutsch-böhmische Grenze genannt, verlief mitten über den Koppengipfel. Und so sahen alle, die sich in der deutschen Baude gestärkt und ihre Ansichtskarte nach Hause geschrieben hatten (unter den hunderten, die mir bei der Auswahl zu diesem Album zur Verfügung standen, trug jede zehnte den Stempel »Diese Karte ist auf der Schneekoppe gekauft. Heinrich Pohl, Schneekoppenwirt«), auf der nördlichen Seite in das Hirschberger Tal, während auf der südlichen Seite sich der Riesengrund mit einem überwältigenden Anblick darbot. An seinem Ausgang lagen die Orte Petzer und Groß Aupa, und noch ein Stück südwärts Johannisbad. In meinem alten Grieben wird der Weg von Johannisbad auf die Koppe durch den Riesengrund als einer der schönsten des ganzen Gebirges gepriesen.
Dieser Zweiländerblick bot sich auf einer Wanderung entlang des Riesengebirgskammes immer wieder. Vom Hohen Rad ging der Blick zur böhmischen Seite bis nach Hohenelbe hinab, während auf der schlesischen Seite Agnetendorf zu sehen war, in dem sich Gerhart Hauptmann mit seinem Wiesenstein die »mythische Schutzhülle seiner Seele« hatte erbauen lassen. Von alpiner Großartigkeit war der Blick hinunter in die Schneegruben, und, über den Grat des Kammes hinweg, lag auf der anderen Seite die Elbfallbaude unterhalb der Elbquelle. Die Elbe! Sie ist heutigentags ein Schicksalsstrom, wie in früheren Zeiten der Rhein. Und außerdem, welcher Elbsegler vor Hamburg oder Cuxhaven denkt daran,

daß trotz aller Zubringerflüsse sein Boot vom Wasser aus dem Riesengebirge getragen wird?

Als in den letzten Jahrzehnten des 19. Jahrhunderts in Deutschland die Reiselust um sich griff und weite Kreise das Wandern entdeckten, rief Theodor Donat mit fünfzig Gleichgesinnten den Riesengebirgsverein ins Leben mit dem Ziel, die weitabgelegenen Gebirgsdörfer durch Fremdenverkehr zu beleben. Im gleichen Jahr noch wurde in Hohenelbe der österreichische Riesengebirgsverein gegründet. Was dieser RGV im Laufe der nächsten Jahrzehnte schuf, war einzigartig: ein Wegenetz von 3000 Kilometern, davon 500 Kilometer allein im Hochgebirge! 1905, es war das Jahr seines 25jährigen Bestehens, übergab der Riesengebirgsverein den »Jubiläumsweg« der Öffentlichkeit. Er sollte fortan dem ungeübten Bergwanderer das mühevolle Besteigen der Schneekoppe auf dem sogenannten Zickzackweg ersparen.

Als es in Mode kam, Wintersport zu treiben, bekam der Riesengebirgsverein eine neue Aufgabe: die Winterstangenmarkierung der Wege. Denn nicht nur mit seinen Krüppelkiefern, hier Knieholz genannt, hatte das Riesengebirge alpinen Charakter, auch mit seinen Schneestürmen und seiner Lawinengefahr glichen seine Hochregionen den Alpen. So wurden die schmalen, hohen Stangen, mochten sie auch noch so vereist sein, manchem Skifahrer zum Lebensretter.

Andere Wegweiser aus Holz, die das Entzücken aller Fremden erregten, waren die geschnitzten Hinweisschilder in den Riesengebirgsorten. Da plagte sich denn auf einem dieser Wegweiser ein Ehepaar, mit Koffern und Taschen bepackt, »Zum Boahnhowe«. Oder eine Familie schob zuversichtlich den Kinderwagen bergwärts: »Hie gieht's ei de Zackelklomm und kommode uf a Komm!« Diese Schilder stammten aus der Holzschnitzschule in Bad Warmbrunn, die ihr »Großmeister« Prof. dell' Antonio leitete, bis die Zeitläufte allem ein Ende setzten.

Die Bauden, zu denen diese »gemittlichen« Schnitzwerke den Weg wiesen, waren eine Eigenart des Riesengebirges. Ursprünglich primitive Unterkünfte, Wetterschutz für Mensch und Vieh, mauserten sie sich mit zunehmendem Fremdenverkehr zu Schutzhütten, Gasthäusern, und in großen Touristenzentren zu komfortablen Hotels. Nur im Gebirge blieben sie »die Bauden« mit ihren holzgetäfelten, niedrigen Stuben und den umlaufenden Bänken, auf denen alle dicht beieinander saßen, wenn der Wirt auf der Zither spielte und der Glühwein die Runde machte. – »Lange Schriete, krumme Knie, do kimmt ma nuff, ma weeß nich wie.« Das war der Spruch der Koppenträger, die tagtäglich, winters wie sommers, mit ihren hochbeladenen Kraxen auf dem Rücken die Bauden mit Lebensmitteln versorgten.

Eng mit dem Riesengebirge verbunden war die Herstellung des Glases. Auf der böhmischen Seite waren es die Städte Gablonz und Reichenberg, von denen aus Gläser und Schmuck in alle Welt gingen, auf der schlesischen Seite war es die Josephinenhütte, die mit ihrem Kristall Weltruf erlangte. Die Kirche Wang, dieser – es sei erlaubt zu sagen – liebenswerte Fremdkörper am Fuße der Schneekoppe, ist verbunden mit der jüngeren Geschichte Schlesiens, die 1740 beginnt, als Friedrich der Große Schlesien in Besitz genommen hatte. Seit Schlesiens preußischer Zeit konnte jeder nach seiner Fasson selig werden, und so wurden nicht nur die Protestanten aus dem Zillertal im Riesengebirge aufgenommen, sondern auch die Kirche Wang, die im norwegischen Ort Vang abgebaut und in Brückenberg im Jahre 1842 wieder aufgestellt wurde.

Nicht vergessen sein darf jene Sagengestalt, ohne die das Riesengebirge nicht zu denken ist: Rübezahl, dieses strafende, rauhbeinige, zärtlich belohnende Wesen, das allgegenwärtig war, das den Nebel machte, den Sturm und den Hagel, das die Wanderer vom rechten Wege abbringen oder die Verirrten auf den rechten Weg bringen konnte, das dem reichen Kaufmann die Pferde ausspannte, um ihn für seinen Frevel an den armen Leinewebern zu bestrafen. Rübezahl! »Ei dan Gruba, huch durt uba, ei dan ala, vulgeschneita, haust a schunt seit ala Zeita!« In die Schneegruben hat Ernst Schenke, der größte Mundartdichter Schlesiens, Rübezahls Höhle verlegt, und wer immer bedrängt oder bedrückt war, drehte den Kopf auf den Kamm des Riesengebirges zu und hoffte, daß Rübezahl erscheinen würde. Irgendwo würde er hocken, irgendwo würde er aus einem Plan Enzian überlebensgroß auftauchen oder hinter einem Felsstück hervorlachen. Und so haben die Riesengebirgler seiner Obhut anvertraut, was zurückblieb, als sie nach dem verlorenen Krieg das Riesengebirge verlassen mußten.

Um ein Stück dieser zurückgebliebenen Landschaft zu retten, hat mein Mann länger als ein Jahrzehnt Ansichtskarten aus dem Riesengebirge gesammelt, hat mein Sohn unermüdlich alle einschlägigen Geschäfte durchstöbert, um diese Sammlung zu vervollständigen. Ihnen beiden verdanke ich es, diesen Band herausgeben zu können.

Barbara Bartos-Höppner

Bildverzeichnis

Ausgangspunkt für eine Kammwanderung: Hirschberg, das Tor zum Riesengebirge. Noch verschwimmt über den Dächern die Kette des Gebirges am Horizont. Ein Wahrzeichen dieser Stadt: die Gnadenkirche.

Die Gnadenkirche in Hirschberg. Karl XII. von Schweden und Kaiser Joseph I. genehmigten ihren Bau den schlesischen Protestanten im Jahre 1706 zusammen mit 5 weiteren »Gnadenkirchen«.

Der Markt in Hirschberg mit seinem »Gabeljürgen«, den Patrizierhäusern aus der Barock- und Rokokozeit mit ihren Laubengängen, Schauplatz von Festspielaufführungen während der Riesengebirgswoche.

Gruß aus dem Hirschberger Tale.

Mel.: Hoch vom Dachstein an.

1. Wo der Bober rauscht, wo der Zacken schäumt, - Liegt ein herrlich Tal gebirgumsäumt; - Wo der Kreuzberg weit hin zum Kynast blickt, - Jeder Schritt des Wand'rers Herz erquickt: |: Wonnig weilt sich's hier und ich denke Dein, - Wünschte nur, du könntest bei mir sein! :|
2. Wo vom Scholzenberg rings das Auge schweift, - Bis wo man gar feine Gläser schleift, - Wo im Koppenkäs' „duftet" Alpenkraut, - Wo man den gerühmten Bitter braut: |: Wonnig weilt sich's hier etc.
3. Wo der Bergstock nur und der Rucksack gilt, - Bis die große Wanderlust gestillt, - Wo der Fremdenzug Völkerwand'rung wird, - Und kein Standesunterschied geniert: |: Wonnig weilt etc.
4. Wo der Kurmusik still die Menge lauscht, - Wo im Felsenbett der Hainfall rauscht, - Wo entgegen blinkt uns Tyrolerart, - Wie auf firnumglänzter Alpenfahrt: |: Wonnig weilt etc.
5. Wo das Berghôtel einfach „Baude" heißt, - D'rin man ganz nach seinem Beutel speis't, - Wo das Schlangenmoos Deinen Hut bekränzt, - Holde Hebe Dir das Glas kredenzt: |: Wonnig weilt etc.
6. Wo die Koppe frei aus den Wolken lacht, - Wenn der Hochstein uns gut Wetter macht, - Wo der R.- G.- V. uns die Wege weis't, - Wofür gern man seinen Namen preis't: |: Wonnig weilt etc.

Herm. Ritzmann, Hirschberg. (Im Selbstverlage.)
Mit Klavierbegleit. durch jede Musikal.-Handl. zu beziehen.
Auch an vielen Verkaufsstellen vorrätig.

»Wem das Herz voll ist ...«. Eines der vielen Loblieder, die Hirschberger auf ihre Heimatstadt und das Riesengebirge schrieben.

In halbstündiger Fahrt mit der Eisenbahn wurde, von Hirschberg kommend, der Kurort Warmbrunn erreicht. Im Zentrum das spätbarocke Schloß der Grafen Schaffgotsch mit der Majoratsbibliothek und zahlreichen Sammlungen.

Bad Warmbrunn, seit 1281 als Heilbad bekannt, mit schwefelhaltigen Thermalquellen von 25 bis 44°C gegen Gicht, Rheuma, Nerven- und Hautkrankheiten, eines der schönsten Wildbäder mit einem prächtigen, alten Kurpark

Von Bad Warmbrunn führt die Straße über Hermsdorf nach der – zur Ortschaft Saalberg gehörenden – Kolonie Kynwasser mit ihrem Gasthof »Zum Rübezahl« am Fuße der Ruine Kynast.

Burg Kynast, auf einem hohen Granitberg gelegen, wurde 1671 durch Blitzschlag zerstört. Vielbesungen ist die Sage von der hartherzigen Kunigunde, die ihre Freier auf der schmalen Burgmauer reiten ließ.

Schreiberhau, bedeutender Wintersportplatz und meistbesuchter Kurort Schlesiens, mißt 20 km in der Länge. Weit geht der Blick über die katholische Kirche zum Riesengebirgskamm mit den Schneegruben.

Verschneit liegt in Niederschreiberhau die Dachsbaude. Ein Reiseführer aus den 30er Jahren: Gutbürgerlich, 15 Betten zu 1 1/2 Mark, Pension 4 Mark, Autohalle.

Weiter dampft die Eisenbahn in Richtung Riesengebirgskamm. Sage und schreibe sechs Bahnhöfe hatte Schreiberhau: Nieder-, Mittel-, Ober-Schreiberhau, Josephinenhütte, Jakobstal und Strickerhäuser.

Der Ortsteil Weißbachtal in Ober-Schreiberhau mit vielen eleganten Villen, Gast- und Logierhäusern, allen voran das Hotel Ersten Ranges »Josephinenhütte« mit 85 Betten und Hörnerschlittenverleih.

Die Josephinenhütte war Schlesiens größte und beste Kunst-Glashütte. Mit der Wiederentdeckung einer besonderen Gattung Filigrangläser erlangte die Josephinenhütte Weltruf.

Ober-Schreiberhau war das eigentliche Zentrum des Fremdenverkehrs mit so renommierten Häusern wie dem Königshotel. Hinweise auf Zimmer mit fließendem Kalt- und Warmwasser waren damals noch erwähnenswert.

Ein anderer Ortsteil von Ober-Schreiberhau war Mariental. Hinüber geht der Blick zum Hochstein, dem östlichsten Gipfel des Hohen Iser-Kammes.

Von Ober-Schreiberhau geht es in südwestlicher Richtung weiter hinauf in die Zackelklamm bis zum Zackelfall, der aus 27 m Höhe herabstürzt. (Benutzung 25 Pf., hierfür auch Ziehen der Schleuse und Ansichtskarte vom Fall).

Vom Zackelfall weiter über den Hindenburgweg, vorbei an der Neuen Schlesischen Baude, zu den Quargsteinen (früher Quarzsteine genannt). »Bitte recht freundlich« für ein Foto mit Blick auf den Reifträger.

Von der schon hinter uns liegenden Reifträgerbaude, die erst im Jahre 1922 errichtet wurde, geht der Blick bis hin zum Iser-, Jeschken- und Lausitzer Gebirge, bei sehr klarer Sicht sogar bis zum Erzgebirge.

Die Neue Schlesische Baude im Winter. Mit einer 30 Morgen großen Übungswiese, direkt am Haus, ein idealer Wintersportplatz nicht nur für Rodler, sondern auch für den beginnenden Volkssport: das Skifahren.

Weiter östlich, 1168 m ü.M., liegt die Alte Schlesische Baude. Diese Postkarte aus dem Jahre 1912 zeigt die letzten Schneeflecken des vergangenen Winters und das erste Vieh auf den Bergwiesen.

Eine Quodlibet-Karte, die uns einen Vorgeschmack gibt auf die Kammbauden: das Koppenhaus, die Riesenbaude, die Prinz-Heinrich-Baude und die Melzergrundbaude unterhalb der Schneekoppe.

Auf dem Hauptkammweg weiter in östlicher Richtung gelangen wir zur Schneegrubenbaude, ein ganzjährig geöffnetes Restaurant, Café und Hotel mit 90 Betten und einem Aussichtsturm für eine großartige Rundsicht.

Unmittelbar vor der Schneegrubenbaude stürzen die Felswände 200 Meter steil ab und bilden die beiden Schneegruben, getrennt durch den Wilhelm-Bölsche-Grat. In den Schneegruben schmilzt der Schnee auch den Sommer über nicht.

Weiter auf dem Kamm in Richtung Osten, vorbei am Hohen Rad und der Großen Sturmhaube zu den Mädelsteinen, einem ungewöhnlichen Felsgebirge in 1405 Meter Höhe.

Dicht dabei, in südlicher Richtung und schon auf böhmischer Seite, die Peterbaude, ein Berggasthof mit herrlichem Blick ins Spindelmühler Tal. Die schon 1811 errichtete Baude hat eine stilechte, schlesische Holzschnitz-Architektur.

Weiter wandernd, jetzt in südöstlicher Richtung, gelangen wir über die Mädelwiese zur Spindlerbaude, einem großen 120-Betten-Hotel, ebenfalls auf böhmischer Seite gelegen und von dort mit dem Auto zu erreichen.

Drei Minuten zu Fuß, in Richtung Norden, das Jugendkammhaus »Rübezahl«, eine erst im Jahre 1929 eingeweihte Jugendherberge.

Zwei tüchtige Damen mit Regenschirm und Wanderstab auf einer Kammpartie, die nunmehr weiter in Richtung Schneekoppe zur Prinz-Heinrich-Baude (1420 m) führt. Diese Karte wurde 1917 per Feldpost an die Front geschickt.

NEBELMEER AN DEN TEICHRÄNDERN.

Unmittelbar vor der Prinz-Heinrich-Baude ein jäh abfallender Hang. Auf ihm gelangt der Skifahrer an den Großen Teich. Ein wunderbarer Blick auf kristallklares Wasser und einen gewaltigen Moränendamm – wenn kein Nebel ist.

In südlicher Richtung geht es weiter zum idyllischen Kleinen Teich mit der einsamen Kleinen Teichbaude in 1183 m Höhe, einem Glanzpunkt des Riesengebirges.

Kein Wunder, daß sich für dieses herrliche Stückchen Erde ein Tondichter fand.

Der Riesengebirgsverein, im Jahre 1880 von Theodor Donat gegründet, zählte später an die 15.000 Mitglieder.

Nach einem viertelstündigen Fußweg vom Kleinen Teich aus in östlicher Richtung und steil ansteigend, kommt die Hampelbaude in Sicht. Von hier aus ein herrlicher Blick ins Hirschberger Tal.

Urgemütlich ging es zu bei den Baudenabenden, und zu einem Glühwein in froher Runde spielte in der Hampelbaude Alfred Wirth mit seiner Zither auf.

Immer näher kommen wir der Schneekoppe auf dem sogenannten Koppenplan. Zuvor das 1922 erbaute Schlesierhaus. Die vielen Menschen auf dieser Karte zeigen an, daß hier die verkehrsreichste Stelle des ganzen Kammes war.

Gegenüber, schon auf böhmischer Seite und durch die Staatsgrenze getrennt, die wesentlich ältere, schon 1847 errichtete Riesenbaude mit einem Saal für 200 Personen und gerühmter Restauration.

Nach einem steilen Aufstieg über den Zickzackweg endlich oben auf dem Gipfel des Riesengebirges, der Schneekoppe, in 1605 Meter Höhe. Allerdings heißt es auf dieser Karte aus dem Jahre 1910: Wir haben furchtbares Wetter.

Die Wetterwarte auf der Schneekoppe, eine Meteorologische Station I. Ordnung, wurde am 1. Juni 1900 für regelmäßige Beobachtungen in Betrieb genommen.

Das älteste Bauwerk auf dem Koppenkegel ist der runde Kapellenbau in der Mitte (1668-1681 erbaut), in dem zuzeiten Mönche aus Warmbrunn den Gottesdienst abhielten.

Ein Sonnenaufgang auf der Schneekoppe war ein besonderes Erlebnis, zu dem bei schönem Wetter geweckt wurde.
Der Jubiläumsweg (links im Bild), zum 25jährigen Bestehen des Riesengebirgsvereins eröffnet.

Wer die Schneekoppe erstiegen und sich im Restaurant erschöpft niedergelassen hatte, kaufte für den Gruß an Zuhause eine Ansichtspostkarte mit dem Stempel auf der Rückseite: Diese Karte ist auf der Schneekoppe gekauft. Emil Pohl, Schneekoppenwirt.

Rübezahl, Herr und Berggeist des Riesengebirges, neckt die Wanderer, führt sie in die Irre und beschenkt die Armen; eine Sagengestalt, mit der die Riesengebirgler aufwuchsen und an der sie noch heute hängen.

Das Schönste an der Schneekoppe war die herrliche Aussicht: nach Süden der Riesengrund mit dem Aupakessel, nach Nordwesten der mit Moortümpeln bedeckte Koppenplan, nach Norden der Melzergrund mit der Kleinen Koppe, nach Nordosten der Riesenkamm mit dem Löwengrund

Wieder bergabwärts, in Richtung Hirschberger Tal, liegt auf einer waldbestandenen Hochebene die Schlingelbaude. Zurück geht der Blick auf den Riesengebirgskamm.

RIESENGEBIRGE R. G. V. – Jugendherberge „Berghähnlein" bei der Schlingelbaude

Dicht dabei die Jugendherberge »Berghähnlein«, eine der 20 Berghütten des Riesengebirgsvereins. Das 500 km lange Wegenetz im Hochgebirge mit der nötigen Stangenmarkierung im Winter bedeutete oft genug Lebensrettung.

Riesengebirge: Ober-Brückenberg mit Brotbaude und Schneekoppe

Weiter bergab die Ortschaft Brückenberg, mit 750-885 m der höchstgelegene Klimakurort und Wintersportplatz des Riesengebirges. Hauptanziehungspunkt: Die Brotbaude.

Weiter ins Tal hinunter die Baberhäuser, ein im Dreißigjährigen Krieg von böhmischen Bauern gegründeter Flecken verstreut liegender Häuser am Fuße des Silberkammes.

Im Nachbartal das zu jeder Jahreszeit vielbesuchte Agnetendorf. Im Oberdorf der »Wiesenstein«, fürstlicher Wohnsitz Gerhart Hauptmanns, Schlesiens größtem Dichter.

Hain i. Riesengebirge i. Winter

Luftkurort Hain, in einem von vier Wildbächen durchschnittenen Gebirgsgelände, beliebt wegen seiner zentralen Lage. Tagestouren zum Hainfall, zu den Heusteinen, zur Goldenen Aussicht und über Saalberg zum Kynast.

Landhaus Koppenblick, Bes. H. Wolf, Hain i. R.

Eine der unzähligen Privatpensionen. Auf der Rückseite der Karte an den Herrn Oberregierungssekretär in Berlin: »Wenn Sie sich ein Bettchen für das Kleine mitbringen, stelle ich eine Kinderbettstelle gratis auf.«

Ein Kleinod des Riesengebirges: die Kirche Wang. Überaus baufällig, wurde sie 1842 auf Anregung der Gräfin Reden für 400 Mark in Norwegen gekauft. In ihrem Innern – neben den geretteten Kunstwerken – wertvolle Schnitzereien und ein Altarkruzifix des Jannowitzer Meisters Jakob.

Fast 100.000 Mark steckte Friedrich Wilhelm IV. in den Wiederaufbau der Kirche Wang, ehe sich dieser Blockholzbau aus dem 12. Jahrhundert im Jahre 1844 als neues Wahrzeichen des Riesengebirges präsentieren konnte.

Die Predigersteinbaude, ein Ausflugslokal zwischen Seidorf und den Baberhäusern, lockte am Nachmittag mit Kaffee und »Sträselkucha«, herrliche Rundumsicht gratis.

Neben Schreiberhau gehörte Krummhübel zu den meistbesuchten Plätzen des Riesengebirges, eingebettet in die Flußtäler der Großen und Kleinen Lomnitz und geschützt vor den rauhen Gebirgswinden.

Von Krummhübel in südlicher Richtung der Ort Erdmannsdorf mit einem romantischen Schloß, das Mitte vergangenen Jahrhunderts von Friedrich Wilhelm III. gekauft und von dem Berliner Baumeister Schinkel umgebaut und renoviert wurde.

Die Teichmannsbaude, zwischen Brückenberg und Krummhübel, ein herrlich gelegenes und ständig erweitertes 110-Betten-Hotel, das mit Sprungschanzen, Bob- und Rodelbahnen, einer Eisbahn und einem Skilehrer aufwarten konnte.

Die Gaststätte Hampel in Ober-Krummhübel, die mit ihrer privaten Atmosphäre die richtige Umgebung für ein stimmungsvolles und gemütliches Zusammensein schuf.

Von Krummhübel weiter in östlicher Richtung zur Forstbaude. Eine Ansichtskarte aus dem Jahre 1900.

Von Krummhübel weiter in südlicher Richtung zum Melzergrund. Davor, mit seiner Zither, der Baudenseppel.

Schmiedeberg, eine Stadt, in der, wie der Name sagt, schon zu früher Zeit Eisenerze gewonnen und verarbeitet wurden. Später die eigentliche Blüte des Ortes durch den Leinwandhandel. Im unteren Stadtteil mehrere schöne Rokokohäuser.

Wie hier in Schmiedeberg, so über das ganze Riesengebirge verstreut die Genesungs- und Erholungsheime der Versicherungsanstalten. Klima und Umgebung waren für die Heilung wie geschaffen.

Hohenwiese, östlich von Schmiedeberg und auf den Landeshuter Kamm zu gelegen, ein kleiner, aber besuchter Luftkurort. In nächster Nähe sehenswert das Schlößchen Neuhof des Prinzen Reuß.

Landeshut, am östlichen Ausgang des Riesengebirges gelegen, erlangte seinen Wohlstand im 18. Jahrhundert durch seinen Leinenhandel und seine Leinewebereien. Am Markt schöne, alte Patrizierhäuser mit Laubengängen.

Das Denkmal auf dem Kirchberg bei Landeshut ist den gefallenen Preußen gewidmet, die im Siebenjährigen Krieg von den dreimal so starken Österreichern unter Marschall Laudon geschlagen wurden.

Diese Ansichtskarte von 1910 zeigt das Renaissance-Schloß Kreppelhof, das seit 1417 belegt ist und u.a. den Grafen Schaffgotsch gehörte. Im 18. Jahrhundert ging der Besitz auf die Grafen Stolberg-Wernigerode über.

Von Schmiedeberg weiter, entweder über die Fahrstraße, die ins böhmische Johannisbad führt, oder über den Fichtigweg aufwärts zu den Grenzbauden. Eine Karte mit dem beliebten Hinweis: Hier wohnen wir.

Über der Grenze, schon auf böhmischer Seite und zu dem Dorf Klein-Aupa gehörend, die anderen Grenzbauden: die Goderbaude, Hübners Grenzbaude, die Tippeltbaude und Adolfs neue Grenzbaude.

Und weiter auf böhmischer Seite nach Süden, über Johannisbad, dem »Gastein Böhmens«, zur Schwarzschlagbaude mit ihrem Rundblick von der Kesselkoppe über die Schneekoppe bis zum Schmiedeberger Kamm.

Das Tal der Großen Aupa entlang, nordwestlich ansteigend, geht es bis Petzer hinauf, einem Kurort mit Übernachtungsmöglichkeiten vom Grand-Hotel bis zum Fremdenstübel.

Durch den Aupa-Grund weiter aufwärts. Wohl der prächtigste Koppenanstieg von Süden her, mit einer Rast in der Riesengrundbaude, um dort die wunderschöne Mineraliensammlung zu bestaunen.

Wenig unterhalb der Schneekoppe die sogenannte »Bergschmiede«, eine einfache Gastwirtschaft, ehemals das Zechenhaus eines Kupfer- und Arsenikbergwerkes, mit einem herrlichen Blick in den Riesengrund.

Jetzt zum Kamm hinauf, vorbei am Teufelsgärtchen, einem Fundort seltener Pflanzen, über Riesenbaude und Aupaquelle zur Wiesenbaude, der ältesten Kammbaude überhaupt, ursprünglich 1623 erbaut.

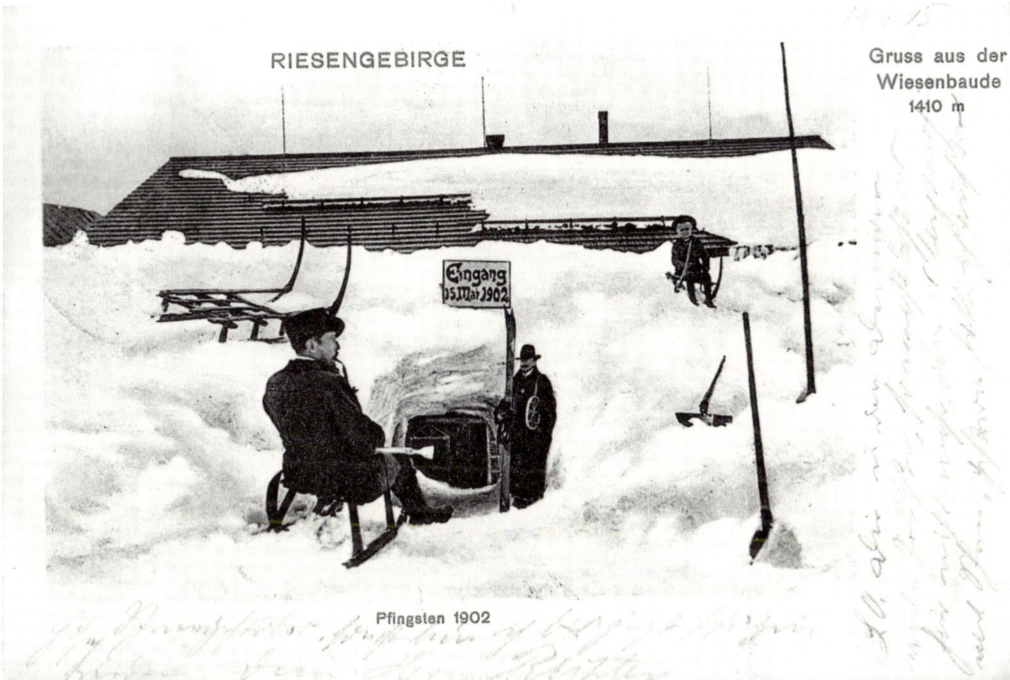

Auch das ist die Wiesenbaude. Im Sommer auf der Hochfläche der »Weißen Wiese« weithin sichtbar, mitunter noch zu Pfingsten tiefverschneit; für verspätete Skifahrer mit einer Blinkfeueranlage ausgerüstet.

Wieder geht es ins Böhmische hinunter, zur »Geiergucke«, einem Berggasthof, der seinen Namen ehemaligen Grenzwächtern verdankt, die von hier nach Schmugglern Ausguck hielten.

Zwischen dem Silberkamm und dem Ziegenrücken zieht sich jetzt der wildromantische Weißwassergrund hin mit einer ganzen Anzahl »malerischer Gefälle«.

Zurück bleibt der schmale Grat des Ziegenrückens – wir sind in Spindelmühle. Mitten hindurch fließt die Elbe, und noch nichts weist auf die tausend Schiffe im Hamburger Hafen hin.

Jenseits der Elbbrücke, im Ortsteil Friedrichstal, die renommierte Hotel-Pension »Hubertus«. Spindelmühle war der meistbesuchte Fremdenverkehrsort auf der böhmischen Seite des Riesengebirges.

Von Spindelmühle kammaufwärts, kurz vor dem Spindlerpaß die Adolfbaude, tiefverschneit und im gleißenden Mittagslicht, mit einer fabelhaften Rodelbahn hinunter nach Spindelmühle.

In den gastlichen Räumen der Adolfbaude sorgte Vinzenz Adolf, der Wirt, für das leibliche Wohl der erhitzten oder durchgefrorenen Touristen.

Von Spindelmühle elbaufwärts, ist nach zweieinhalb Stunden Wanderung durch den Elbgrund die Elbfallbaude mit dem Elbfall erreicht. Unweit davon der höchste Wasserfall des Riesengebirges: der Pantschefall.

Etwa 60 m oberhalb der Elbfallbaude die sogenannte Elbquelle. Der eigentliche Anfang der Elbe liegt noch einige Meter höher und wird von dem Rundbrunnen aufgenommen.

In östlicher Richtung weiter zur Martinsbaude auf einer steinübersäten Wiesenfläche. Von hier sehen wir hinunter in die »Sieben Gründe«; in einem von ihnen, im Bärengrund, wurde 1726 der letzte Bär dieser Gegend erlegt.

Von der Martinsbaude zurück zu den Schneegruben und weiter in westlicher Richtung über die Quargsteine zur Wosseckerbaude, von der es im Winter im Hörnerschlitten durchs Mummeltal bis nach Harrachsdorf ging.

Harrachsdorf im Riesengebirge *Seehöhe 700-800m*

Harrachsdorf war als Touristenzentrum außerordentlich günstig gelegen: auf der einen Seite der Riesengebirgskamm, auf der anderen Seite das Isergebirge. Heimische Industrie: Glasschleiferei und Glasmalerei.

Von Harrachsdorf wieder nach Norden, über die Grenze nach Schlesien hinein, auf der Straße nach Bad Flinsberg durch die Kolonie Carlstal mit seinem Gasthaus gegenüber einer alten Glashütte.

Nun endlich und zum Schluß in Bad Flinsberg, dem Kurort im Isergebirge, inmitten großer Nadelwälder, im anmutigen Queistal gelegen. Bereits 1763 wurde Flinsberg Kur- und Badeort.

Das Kurhaus im Ortsteil Oberbrunnen. Die sieben radioaktiven Stahlquellen von Flinsberg zogen jährlich über 20.000 Gäste an. Heilanzeigen bei Blut-, Herz- und Kreislaufstörungen, Rheuma, Gicht und Stoffwechselerkrankungen.